Lk 1385.

CHATEAU de BRESSUIRE, (Vendée.)

PRISE
DE
BRESSUIRE

PAR DU GUESCLIN,

EN 1371;

Par M. de la Fontenelle de Vaudoré.

(Extrait du 4ᵉ volume de la Revue Anglo-Française.)

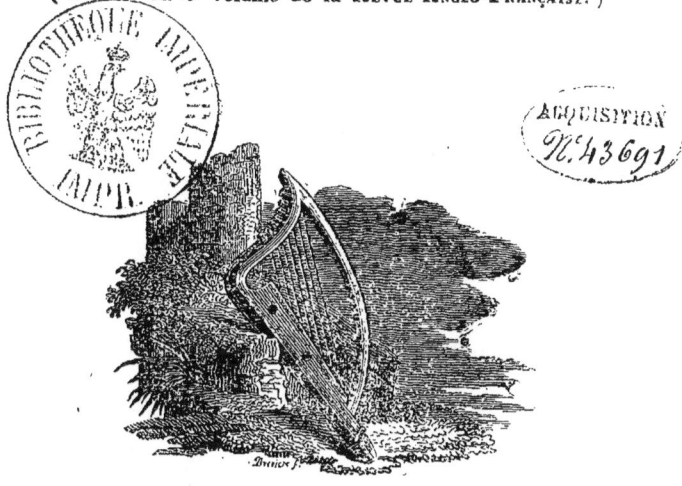

POITIERS,
IMPRIMERIE DE SAURIN FRÈRES, rue de la mairie, nº 10.

1837.

PRISE

DE BRESSUIRE

PAR DU GUESCLIN (1371).

Au commencement de l'année 1371 (1), après la bataille de Pontvallain (2) et la reddition des châteaux qui en fut la suite, le connétable Bertrand du Guesclin arriva à Angers, passa la Loire aux Ponts-de-Cé, et vint camper devant St-Maur (3). La place était forte, et il tint conseil sur les mesures à prendre pour s'en emparer, demandant surtout les avis des officiers qui connaissaient les localités, notamment de Caranlouet (4), gouverneur de la Roche-Posay, de Guillaume Delaunay (5), de Guillaume le Baveux, d'Ivain de Galles (6), et du chevalier

---

(1) Dom Maurice, dans son *Histoire de Bretagne*, place, avec raison, la prise de Bressuire au commencement de 1371. Ceux qui l'indiquent sous la date de 1370 n'ont pas songé que cette année est comptée par les anciens chroniqueurs, suivant l'usage d'alors, jusqu'à Pâques 1371, qui tomba cette année le 6 avril.

(2) Pour la bataille de Pontvallain, voir dans la *Revue anglo-française*, t. 4, p. 16 et suiv., l'article de M. Pesche (*du Mans*).

(3) L'abbaye de St-Maur, autrefois Granfeuil, sur la rive gauche de la Loire, est fameuse par la réforme de l'ordre de St-Benoît, qui en retint le nom. On la voit sur la route de Saumur à Angers, de l'autre côté de la rivière. Au moyen-âge, beaucoup de monastères étaient fortifiés, et celui-ci était de plus dans une position très-avantageuse. Autour de lui s'était groupée une petite ville.

(4) Yvon de Caranlouet ou Carlonnet faisait partie des grandes compagnies et suivit du Guesclin en Espagne, où il fit preuve de courage. A son retour il fut fait sergent d'armes du roi, et on lui donna le gouvernement de la Roche-Posay, place importante sur les confins du Poitou et de la Touraine. Caranlouet commandait le parti qui défit, au pont de Lussac, le fameux Jean Chandos, qui y fut blessé à mort. On peut consulter, relativement au fait du pont de Lussac, l'article de M. Allou, inséré dans la *Revue anglo-française*, t. 3, p. 209 et s.

(5) Cette famille, originaire de Bretagne, où elle a joué un rôle important, existe encore à Angers sous le nom de Delaunay de la Mothaie.

(6) Ivain avait pour père le souverain de la principauté de Galles, qu'Édouard Ier fit mettre à mort en s'emparant de ses états. Le fils vint en France, et fit la guerre

connu sous le nom du *Poursuivant d'amour* (1). Comme les chances d'un assaut étaient hasardeuses, et que la saison était avancée, on arrêta, conformément à l'opinion de Bertrand, que l'on emploierait d'abord la voie des négociations. La chose était d'autant plus facile, que le connétable avait connu, en Espagne, Cressonval (2), le commandant de la place, et lui avait même rendu des services. On envoya donc un héraut à ce dernier, pour l'engager, sous la foi d'un sauf-conduit, à venir au camp des Français. Connaissant la loyauté de son ennemi, Cressonval monta aussitôt à cheval et vint trouver du Guesclin, qui lui fit la réception la plus amicale.

Le général anglais fut traité avec magnificence par son ancien frère d'armes (3), qui l'entretint de leur guerre dans la Péninsule et de leurs aventures amoureuses. A la fin du repas, le connétable tira son hôte à l'écart, et lui fit comprendre combien il devait avoir peu d'espoir de défendre sa forteresse contre une armée entière. Cressonval résista d'abord, en assurant que rien ne serait capable de lui faire trahir la fidélité qu'il devait à son prince; mais, à la fin, convaincu de son insuffisance pour résister, et effrayé des menaces de du Guesclin, qui jurait d'attaquer le jour même et de passer tout au fil de l'épée, il souscrivit une suspension d'armes, et s'engagea à lui remettre St-

---

à outrance aux ennemis de sa famille. Il arriva plus tard devant la Rochelle avec une flotte espagnole, et finit par perdre la vie, en 1372, au siège de Mortagne-sur-Mer. Il reçut le coup mortel de la main d'un gentilhomme, autrefois son sujet et appelé James de Laubé, à qui il avait donné une charge dans sa maison, et qui fut assez pervers pour l'assassiner. On vit dans la suite le fils d'Ivain de Galles servir pareillement la France contre l'Angleterre.

(1) Le chevalier appelé le *Poursuivant d'amour* était de la maison de Beauvain.

(2) Cressonval est nommé Cressonnailles par plusieurs écrivains. Du reste, les noms de ces temps-là sont écrits de plusieurs manières.

(3) « Quand Guesclin le vit (Cressonval) approcher, il lui dit : *Bien veignant, sire, par S. Maurice dinerez avez moy, et buvrez de mon vin ainçois que partiez : car vous avez été mon amy de pieça.* Il le cajola de son mieux, lui rappelant tous les travaux qu'ils avoient essuyés ensemble en Espagne, quand ils faisoient la guerre en faveur d'Henri (Transtamare) contre Pierre (le Cruel), et qu'il ne l'avoit quitté (lui Cressonval) que parce que le service du prince de Galles, son maître, l'appeloit ailleurs, ainsi que doit faire tout bon sujet et fidèle vassal. Il ajouta qu'il avoit pris la liberté de le faire venir pour renouveler leur ancienne amitié le verre à la main, sans préjudicier aux services communs de leurs maîtres, les rois de France et d'Angleterre. » (*Anciens Mém. sur du Guesclin.*)

Maur, si, dans un temps donné, le prince de Galles ne venait pas à son secours.

Du Guesclin prit alors la route de Saumur avec son armée. Il comptait rester dans cette ville jusqu'au temps fixé pour la prise de possession de St-Maur, et il en faisait, à raison de son heureuse position, le centre de ses opérations militaires (1).

Lorsque Cressonval fut retourné dans la forteresse, et qu'il eut fait connaître le traité par lui conclu, il y eut des officiers qui approuvèrent sa conduite, à cause de la supériorité du nombre des assiégeants, de l'impossibilité de résister, et des malheurs, résultats nécessaires d'un siége. D'autres, et le plus grand nombre, blâmèrent hautement cet arrangement, et dirent que c'était une lâcheté d'avoir rendu un château si fort avant d'avoir soutenu un assaut. Réfléchissant alors sur sa conduite, et craignant d'être soupçonné de trahison, Cressonval proposa un parti qui fut accepté. On mit le feu à la place pour la rendre inutile aux Français, et la garnison et une partie des habitants se dirigèrent sur Moncontour (2) et sur Bressuire (3), emportant avec eux leurs objets les plus précieux (4).

(1) On remarquera aussi qu'on était alors dans la mauvaise saison, et que c'était un quartier d'hiver que prenait du Guesclin en se retirant à Saumur.

(2) Moncontour, petite ville, avec un fort château, sur les rives de la Dive du nord, à quelques lieues de Poitiers, a été un point marquant dans la grande lutte anglo-française, et on lui destine un article particulier dans ce recueil. C'est dans la plaine qui commence au bas de cette forteresse, vers Assais, que s'est donnée la mémorable bataille gagnée, en 1569, par le duc d'Anjou, depuis Henri III, sur les protestants.

(3) Bressuire, *Bercorium*, était le chef-lieu d'un doyenné, fixé, dans le principe, au lieu où est actuellement le bourg de St-Porchaire, à une lieue de la ville actuelle. Le doyen de Bressuire était puissant et avait des notaires qui exerçaient leurs fonctions dans toute l'étendue de son doyenné. Dès l'origine de la féodalité, Bressuire fut aussi une baronnie dont les premiers possesseurs connus étaient du nom de Beaumont, pris de la terre de ce nom, commune de Nueil-sous-les-Aubiers. Le prieuré de Notre-Dame de Bressuire fut fondé, vers 1098 ou 1100, par un Beaumont, seigneur du château de Bressuire, qui y plaça des moines d'Ausion ou de St-Jouin-de-Marne. La paroisse de St-Jean, qui a existé jusqu'à la révolution, et celle de St-Nicolas-du-Château, supprimée depuis longtemps, dépendaient aussi de St-Jouin-de-Marne, et étaient à la nomination du prieur de Bressuire, d'abord chef d'un couvent de bénédictins. Il y avait aussi à Bressuire le prieuré de Saint-Cyprien au-dessous du château. Il fut fondé, en 1029, par Geoffroy, vicomte de Thouars, Ainor sa femme, Savary, Raoul et Geoffroy, leurs enfants, qui donnèrent, franc de toute charge, tout leur bourg de Bressuire (*Berzorium*), ce qui s'entend du faubourg de St-Cyprien, au monastère de St-Cyprien de Poitiers, qui conserva toujours ce prieuré. Plus tard, Thibaut de Beau-

Le feu consuma entièrement cette malheureuse ville, et l'incendie fut aperçu au loin. Cette nouvelle arriva bientôt à du Guesclin, et il reçut un courrier de Cressonval qui vint lui dire, de la part de ce chef, que, n'espérant plus les secours attendus, il se retirait avant l'époque convenue.

Cette communication ne fut considérée que comme une ironie par du Guesclin, malgré les observations du maréchal d'Andreghem, qui prétendit que les Anglais ne faussaient pas leur parole, n'ayant point promis de conserver la place intacte. Une pareille condition était en effet toujours sous-entendue en pareil cas. Aussi le connétable jura-t-il, *par la Trinité*, de ne

mont, seigneur de Bressuire, gratifia cet établissement des moulins et de la vigne de son château. Il y avait aussi à Bressuire une aumônerie sous le vocable de St-Jacques; c'était là où logeaient ceux qui, au moyen-âge, allaient en pèlerinage à St-Jacques de Compostelle, en Espagne. Le jour de la fête du saint, les anciens pèlerins de la contrée se réunissaient là pour célébrer l'anniversaire de leur voyage, et de cette réunion il est résulté une des meilleures foires de la province. Le 3 juin 1404, Jean de Beaumont, *de Bellomonte*, seigneur de Bressuire, et sa femme, Mathurine d'Argenton, *de Argentonio*, et Gui de Beaumont, seigneur de Sigournai, *de Sigornanio*, leur neveu, fils et héritier principal de feu Louis de Beaumont, seigneur de Bressuire en partie, fondèrent le monastère des cordeliers de Bressuire, en présence de Guillaume d'Argenton, d'Héliot Jousseaume, chevaliers et autres. Dans cet établissement religieux on a conservé longtemps un manuscrit précieux d'un savant né près de là, à Beaulieu, de Raoul Ardent, chapelain de Guillaume le Vieux, comte de Poitou et duc d'Aquitaine, intitulé *Speculum Ardentis*. (Voy. Dreux du Radier, *Bibl. du Poitou*.) L'emplacement des Cordeliers a été employé dans ces derniers temps à construire un hôtel-de-ville; et en 1820, en creusant dans l'église, on trouva le monument funéraire de la fondatrice, Mathurine d'Argenton, femme de Jean de Beaumont-Bressuire. Il consistait dans une pierre calcaire, à grain serré et très-dur, de la longueur de six pieds six pouces sur vingt pouces d'épaisseur. La moitié de cette épaisseur formait bosse et représentait une femme de grandeur plus que naturelle, debout, et ayant les mains jointes. Ses cheveux étaient tressés et relevés de chaque côté, et une espèce de couronne non fermée entourait sa tête, qui était appuyée sur deux coussins. Les pieds reposaient sur deux lions qui soutenaient un écusson non sculpté, et dont les armoiries, peintes probablement, ne paraissaient plus. Aux quatre coins du monument étaient quatre anges. La tête de la femme avait beaucoup d'expression et ses yeux étaient sans prunelle. Ce morceau de sculpture était bien fait; mais malheureusement une inscription en lettres gothiques, or et noir, fut presque aussitôt grattée par des enfants, et plus tard le peuple de la campagne, qui vit une sainte dans la fondatrice des Cordeliers, finit par racler et briser la pierre pour en faire des reliques, de sorte que le monument a bientôt cessé d'exister. Il paraît qu'on trouva au-dessous de la pierre deux urnes remplies de cendres.

(4) Il paraît aussi, d'après le *Rouman de messire Bertran du Guaiequin*, que quelques-uns des Anglais sortis de St-Maur se retirèrent vers Parthenay, *en un gentil pays, que Gâtine on nommait*. Voir ci-dessus l'article relatif à la bataille de Pont-vallain, p. 39.

manger que *trois soupes au vin* (1) avant de tirer vengeance de cette déloyauté. Aussitôt il réunit ses troupes, et se mit à la poursuite des Anglais (2). Il les atteignit sous les murs de Bressuire, ville alors considérable par le nombre et la richesse de ses habitants (3), par la force de ses murailles, et son château d'une bonne défense. Arrivés là depuis quelques heures, ils demandaient instamment qu'on leur ouvrît la porte, parce qu'ils étaient du même parti et qu'ils se sauvaient de la rage de du Guesclin qui les poursuivait. Après avoir pris connaissance de leur position, le gouverneur se trouva très-embarrassé. Il craignait que, s'il recevait des étrangers, la ville ne fût bientôt affamée, et exposée prochainement à un siége; et que, s'il leur refusait l'entrée, le prince de Galles ne lui en fît reproche. Prenant un moyen terme, ou un juste milieu, comme on dit aujourd'hui, il promit de les recevoir cinquante à la fois et par jour, pour leur donner passage seulement (4), afin de pouvoir se retirer sur Fontenay-le-Comte, Niort ou Poitiers, villes alors de leur parti, et à charge de ne pas coucher en ville. Cette offre acceptée, et cinquante hommes entrés dans Bressuire, le tocsin sonna dans la grande tour de granit de l'église Notre-Dame (5), et le *guetteur* cria : *Trahi! trahi!*

(1) Ces sortes de serments étaient assez communs au moyen-âge.

(2) Il y a lieu de croire que du Guesclin se dirigea par la traverse actuelle, en passant au village de Taizon ou près de là, et en laissant Thouars à gauche. En effet, cette forteresse était alors en la possession du vicomte de Thouars, qui tenait pour le parti de l'Angleterre.

(3) D'après Guyard de Berville, alors Bressuire était en effet une ville considérable par la bonté de ses fortifications et surtout de son château, et par la richesse et le nombre de ses habitants, qui devait aller de 7 à 8,000. Lors de la révolution de 1789, cette population se trouvait réduite à 3,000 âmes par les guerres civiles, et surtout par la révocation de l'édit de Nantes, qui lui avait enlevé un grand nombre d'habitants. Brûlé en entier, sauf deux maisons, pendant la guerre de la Vendée, Bressuire eut peine à se relever de ses cendres, et sa population, qui ne fut d'abord que de 6 à 700 habitants, ne doubla qu'au bout de quelques années. Mais l'établissement d'un tribunal, puis d'une sous-préfecture, et l'ouverture de huit routes qui doivent partir de ce centre, feront, par la suite, de ce lieu une ville aussi importante et plus que du temps de du Guesclin.

(4) Alors les routes traversaient les villes et les châteaux au lieu de les tourner. Cela avait été établi pour la perception de certains droits dus aux seigneurs, et afin de mieux s'assurer des pays dont on commandait ainsi les communications.

(5) Bressuire conserve encore son clocher, de solide et belle construction, qui est

Fermez la porte, voici Bertrand qui vient; les Anglais fugitifs nous ont vendus.

Aussitôt apparurent en effet les étendards du connétable, d'Olivier de Clisson, des maréchaux d'Andreghem et de Blainville (1), et des autres généraux de l'armée française. La garnison et les habitants, qui les contemplaient du haut des tours et de dessus les murailles, en furent saisis d'épouvante, à raison du grand nombre de combattants à qui ils allaient avoir affaire. Attribuant l'arrivée de leurs ennemis aux hommes venus de St-Maur, ils égorgèrent impitoyablement ceux qui se trouvaient dans l'intérieur, et fermèrent la porte aux autres. Ces misérables, tout stupéfaits de ne pas trouver un asile dans une ville de leur propre parti qu'ils pouvaient aider à défendre, ne songèrent même pas à prendre la fuite en se divisant dans la campagne. Ils attendirent les Français de pied ferme, et se décidèrent, trop sûrs de ne pouvoir résister à une armée entière, à vendre cher leur vie. Assaillis par du Guesclin, Clisson, les deux maréchaux, le vicomte de Rohan, les sires de Rais (2),

---

une tour en granit de plus de 160 pieds de hauteur. L'église de Notre-Dame, qui est aussi du temps de la période anglo-française, sauf les additions postérieures, est remarquable pareillement par sa belle construction. Le chœur surtout est fort beau, mais on peut reprocher à la nef d'être trop étroite. Avant la révolution, l'église de Bressuire avait des vitraux d'une grande beauté qu'on refusa de vendre à la cathédrale de la Rochelle. Aussi lisait-on dans les *Affiches du Poitou :* « Tout le vitrage » (de cette église) est peint en entier. Aucune figure n'est dégradée, la vivacité des » couleurs est toujours la même. » Malheureusement tous ces beaux vitraux ont été détruits pendant la guerre de la Vendée. Le clocher de Bressuire se trouve avoir besoin de réparations, si on veut le conserver, et le conseil général des Deux-Sèvres a, à cet effet, sollicité des fonds du gouvernement.

On lit au bas du clocher de Bressuire l'inscription suivante : *Parachevée en l'an*, *par L. Gendre Odonnet*, MVcccc XLII. Cette date indique seulement une réparation et non la première construction.

(1) Jean de Mokenchin, sire de Blainville, maréchal de France, mort en 1378.

(2) Le seigneur qui possédait alors la terre de Rais était Girard Chabot, de cette illustre et si ancienne maison du Poitou. Un autre Girard Chabot, son aïeul, épousa, au milieu du XIIIe siècle, Alielle de Rais, qui descendait d'un petit souverain de ce pays, placé là par Lambert, comte de Nantes, pour le défendre du côté du Poitou. Les Chabot, sires de Rais, avaient formé une branche qui a existé longtemps. Cette terre de Rais, dont le chef-lieu, ou *Ratiastum*, disparut de bonne heure au moyen-âge, avait donné son nom à tout un pays. Plus tard, Machecoul est devenu la capitale de cette ancienne baronnie, qui a changé son nom en celui de Retz, et a été érigée en duché-pairie en 1581, pour Albert de Gondy, maréchal de France, issu d'une famille italienne.

de Rochefort et de Caranlouet, et les troupes françaises, ils tinrent bon d'abord, et finirent pourtant par être enveloppés et mis presque tous à mort dans le combat. Ceux qu'on fit prisonniers n'eurent pas un sort plus heureux : car, quand il fut question de reconnaître à qui ils appartenaient, il s'éleva des contestations de nature à diviser les chefs et à dissoudre l'armée. Alors du Guesclin et Clisson, afin d'éviter un si grand malheur, eurent recours à une cruauté insigne que la raison d'état ne peut excuser. Ils donnèrent l'ordre de massacrer tous ces malheureux, de sorte qu'il n'en échappa pas un seul, à l'exception de Cressonval, peut-être, qui serait parvenu à se faire admettre dans le château. De cette manière, plus de cinq cents Anglais restèrent étendus sans vie sous les murs de Bressuire.

Du Guesclin voulut profiter de l'effroi qu'avait dû occasionner un pareil spectacle, et il fit dire au gouverneur de la ville de venir lui parler vis-à-vis du pont-levis. Il l'engagea à capituler, lui offrant de sortir de la place avec sa garnison et armes et bagages ; et le menaçant, dans le cas contraire, de faire subir à lui et aux siens le même traitement qu'à ceux du dehors. Le gouverneur répondit à Bertrand qu'il se croirait déshonoré s'il rendait, sur une simple sommation, une ville forte, bien gardée et approvisionnée pour longtemps ; d'autant mieux que, sujet d'un prince puissant, il devait s'attendre à en être secouru. Le connétable ne put s'empêcher de convenir que cette détermination était celle d'un homme de cœur ; et, lui en tenant compte, il lui proposa de passer outre s'il voulait lui fournir des vivres en payant. Dans la réalité, du Guesclin ne s'était inquiété que d'atteindre la garnison de St-Maur, pour la punir du manque de parole de son chef, et il n'avait pas sous la main les vivres nécessaires pour s'alimenter. D'un autre côté, il craignait d'être obligé de faire un long siége, que le défaut de subsistances empêchait d'ailleurs de commencer. Au lieu d'accepter la proposition pacifique qui lui était faite, le gouverneur répondit qu'il donnerait volontiers, et même pour rien, des vivres aux Français, si ces mêmes vivres pouvaient les étrangler jusqu'au dernier. Du Guesclin, justement irrité de ce propos, lui répondit : « *Ah! félon portier, par tous les saints, vous serez pendu par votre ceinture.* » Aussitôt il avisa aux moyens d'emporter la place; et tous les autres chefs, exaspérés comme lui d'une réponse si grossière, jurèrent d'en tirer vengeance. Un jeune chevalier breton, nommé Jean du Bois (1), fit même serment de porter l'étendard de Bertrand, le jour même, sur une des tours de Bressuire, ou d'y perdre la vie.

Les généraux montèrent aussitôt à cheval, afin de reconnaître la place et de découvrir l'endroit le moins fort, pour attaquer par là. Cette reconnaissance faite, le connétable fit mettre ses troupes en bataille, et leur annonça qu'il allait livrer l'assaut. Il engagea les combattants à se couvrir d'abord, pour se garantir d'une grêle de dards et de flèches que les assiégés tireraient des murailles dans le but d'en défendre l'approche; et ensuite, aussitôt la décharge faite, à se jeter tête baissée dans les fossés, à s'attacher aux murs et à les escalader à l'aide d'échelles, en s'aidant réciproquement. Ce qui fut dit fut fait; et les Français, fichant leurs dagues et leurs poignards entre les blocs de granit employés à la construction des murailles, s'en servaient comme d'échelons pour arriver jusqu'aux remparts. Pendant ce temps, les assiégés lâchaient des tonneaux remplis de cailloux, et ceux sur qui ils tombaient étaient écrasés et précipités dans les fossés. Cela ne ralentit pas l'ardeur des assiégeants, et plusieurs d'entre eux ayant atteint le haut du mur, Jean du Bois, à qui l'enseigne du connétable avait été confiée ce jour-là, vint la placer au pied de la muraille, en criant : *Notre-Dame ! Guesclin !* Un Anglais s'efforçant d'enlever cet étendard par la pointe de la pique, celui qui le portait poussa le fer contre lui et lui perça l'œil droit.

Cependant l'affaire était loin d'être décidée, et il était bien incertain si les Français entrés dans la place, et encore en petit nombre, pourraient s'y maintenir. Le maréchal d'Andreghem qui, trois fois monté sur le mur, trois fois en avait été renversé dans les fossés, était hors de combat, tant par ses chutes

---

(1) Plusieurs familles se disputent l'honneur d'avoir fourni ce vaillant chevalier.

que par les blessures qu'il avait reçues en combattant. Du Guesclin et Clisson, blessés eux-mêmes, avaient été obligés de se retirer un moment pour prendre haleine. Bientôt ils revinrent pleins de rage et de fureur. Le connétable cria aux soldats que les vivres dont ils avaient besoin pour apaiser la faim qui les dévorait étaient dans la place, et qu'il fallait ou la prendre ou mourir d'inanition. Les assiégeants répondirent à cette harangue par le cri de guerre, et l'étendard de du Guesclin fut planté sur la muraille par l'intrépide chevalier Jean du Bois. La chute des pierres sur les Français continuait toujours, les chefs étaient les plus exposés, et on remarquait au premier rang Alain et Jean de Beaumont (1), les seigneurs de Rochefort, de Rais, de Ventadour et de la Hunaudaye, Guillaume le Baveux, Jean de Vienne (2), Caranlouet, le Poursuivant d'amour et l'*abbé de Malpaye* (3). Ils frappèrent la muraille avec leurs armes, arrachèrent quelques pierres, et finirent par creuser des trous qui firent écrouler le mur dans un endroit. La brèche fut alors facile à ouvrir, et du Guesclin cria à ses soldats : « *Allons, mes enfants, ces gars sont suppédilez.* » A ces paroles, les Français, courageux comme des lions, se précipitèrent au travers de la brèche, malgré la pluie de traits dirigés sur ce point, entrèrent en ville et joignirent ceux des leurs qui étaient au haut des remparts. Rendus à ce point, les assiégés ne firent plus de résistance. Cinquante Anglais seulement tentèrent de se sauver par une poterne dont ils avaient la clef ; mais s'étant présentés au point où était le maréchal d'Andreghem, il les força de se retirer et tua deux d'entre eux. Les Français entrés dans la place étaient au nombre de cinq cents environ, et ils ouvrirent les portes au reste de l'armée. Tout fut passé au fil de l'épée, depuis le premier officier jusqu'au dernier soldat.

(1) M. Pesche prétend que Jean de Beaumont était manceau.
(2) Jean de Vienne, amiral de France, a plus marqué sur le continent que pour ses expéditions maritimes. Il fit pourtant une expédition en Écosse en 1385, et fut tué, en 1396, à la bataille de Nicopolis, livrée contre les Turcs, où il se couvrit de gloire.
(3) C'est Alain de Taillecol qu'on appelait l'abbé de Malpaye. Les surnoms ridicules, vulgairement appelés *sobriquets*, étaient alors très-communs.

Le connétable voulait attaquer de suite la citadelle; mais les troupes étaient si fatiguées et avaient tant besoin de prendre des aliments, que la chose fut impossible. On partagea le butin, qui fut considérable, et la nuit fut donnée au repos. Le lendemain matin on se disposait à donner l'assaut au château, lorsque la garnison, intimidée par ce qui s'était passé pour la ville, s'empressa de capituler. On ne sait à quelle condition : mais, si l'on en croit la tradition, le commandant du château, ou peut-être Cressonval, au lieu de lui, fut pendu (1), par ordre de du Guesclin, sur la tour massive du fort, vis-à-vis des prairies de St-Cyprien.

Le brave maréchal d'Andreghem (2), qui avait pris une part si active à ces beaux faits d'armes, ne survécut pas à ses blessures ; il mourut à Bressuire après la reddition du château, et fut vivement regretté (3).

Après cette brillante expédition, et quelques réparations urgentes ayant été faites au château de Bressuire (4), place dans laquelle on laissa une bonne garnison, toute l'armée française se retira sur Saumur, où elle se reposa quinze jours des fatigues d'une expédition si prompte et si périlleuse. Le connétable avait emporté avec lui la dépouille mortelle du maréchal d'An-

---

(1) Si l'on en croit M. Berthre de Bourniseaux, dans son *Histoire de Thouars*, qui fixe le sac de Bressuire au 15 mars 1371, ce serait eu effet Cressonval ou Cressonnailles que du Guesclin aurait fait pendre. Du reste, c'est mal à propos que cet auteur indique, au nombre de ceux qui périrent alors à Bressuire, *Petrus Berchorius*, né à St-Pierre-du Chemin, en bas Poitou, traducteur en français de Tite-Livre, et auteur du *Réductoire moral*. Ce savant mourut à Paris dès 1362.

(2) Arnould ou Raoul d'Andreghem ou d'Andreham, gentilhomme breton, s'attacha étant très-jeune au service du roi, et devint maréchal de France et lieutenant-général en Normandie. Il assista à la malheureuse journée de Maupertuis, où il commanda sous le connétable Gautier, duc d'Athènes, une partie du premier corps d'armée. En 1368, d'Andreghem se démit de ses charges pour porter l'oriflamme, en conservant le titre de maréchal. Toujours disposé à rendre hommage à des talents supérieurs, ce guerrier céda souvent, malgré son grade élevé, le commandement à du Guesclin et à Clisson. On trouve que l'année de sa mort il touchait deux mille francs de gages, somme énorme pour le temps, et qu'il était de plus défrayé de tout par le roi.

(3) Quelques auteurs prétendent même que le maréchal d'Andreghem mourut non pas à Bressuire, mais à Saumur, par suite des blessures qu'il avait reçues à Bressuire.

(4) Madame la marquise de la Rochejacquelein, dans ses *Mémoires sur la guerre de la Vendée*, prétend que le château de Bressuire fut pris d'assaut par du Guesclin, et qu'il n'a pas été réparé depuis. C'est une double erreur.

dreghem, et il lui fit faire là des obsèques conformes à son haut rang dans l'armée.

Le château de Bressuire a ses murailles encore debout, qui rappellent les hauts faits de du Guesclin (1) et la puissance de ses seigneurs, qui marquèrent parmi les grands du Poitou à l'époque de la féodalité (2).

(1) Voir, pour la prise de Bressuire et les circonstances qui s'y rattachent, Froissart et tous les ouvrages écrits sur du Guesclin, notamment son *Roumant* et les anciens mémoires, mon *Histoire du connétable de Clisson*, les *Recherches sur Saumur*, par Bodin, et les autres documents qui peuvent éclairer ce fait d'armes du bon connétable.

(2) Les seigneurs de Bressuire marquèrent dans la lutte anglo-française, sans néaumoins le faire autant que des seigneurs d'un rang inférieur. Jacques de Beaumont, baron de Bressuire, fut le confident de Louis XI, qui lui adressa beaucoup de lettres, dont plusieurs ont été conservées par Brantôme, son allié : il joua un rôle marquant dans la spoliation de la vicomté de Thouars, dont il fut établi gouverneur. On peut voir ce que je dis, à ce sujet, dans *Philippe de Comyne en Poitou*, où je le représente comme complice des méfaits du roi. On doit croire que Jacques de Beaumont était habile en constructions, car Louis XI le chargea, en 1472, de faire faire les fortifications des Sables-d'Olonne. Il paraît aussi qu'il avait de l'embonpoint et qu'il était un bon convive ; car quand, en août 1475, le roi de France voulut festoyer tous les Anglais de l'armée d'Édouard IV, à Amiens, le sire de Bressuire était à une table, placée à une porte de ville, pour inviter les Anglais à venir boire et manger avec lui. « Il (Louis XI) avoit ordonné, dit Philippe de Comyne, à l'entrée de la porte
» de la ville (d'Amiens) deux grandes tables, à chacun costé une, chargée de toutes
» bonnes viandes, qui font envie de voire, et de toutes sortes ; et les vins les meil-
» leurs dont se pouvoit adviser : et des gens pour en servir. D'eaue n'estoit point de
» nouvelles. A chacune de ces deux tables avoit fait seoir cinq ou six hommes de
» bonne maison, fort gros et gras, pour mieux plaire à ceux qui avoient envie de
» boire ; et y estoient le seigneur de Craon, le seigneur Briquebec, *le seigneur de*
» *Bressuyre*, le seigneur de Villiers et autres ; et dès que les Anglois s'approchoient
» de la porte, ils voyoient cette assiette : et y avoit gens qui les prenoient à la bride,
» et disoient qu'il leur courussent une lance, et les amenoient près de la table : et
» estoient traitez pour ce passage selon l'assiette, et en très-bonne sorte, et le pre-
» noient bien en gré. Comme ils estoient en la ville, quelque part qu'ils descendissent,
» ils ne payoient rien, et y avoit neuf ou dix tavernes bien fournies de ce qui leur
» estoit nécessaire, où ils alloient boire et manger, et demandoient ce qu'il leur plai-
» soit, et ne payoient rien ; et dura cecy trois ou quatre jours. » Du reste, ce fut Jacques de Beaumont qui fit achever les fortifications du château et de la ville de Bressuire, qui devint ainsi une des plus belles places féodales de la contrée. Quand on en parcourt les ruines, on est encore étonné de leur grandiose et de l'aspect vraiment pittoresque qu'elles présentent. La lithographie jointe à cet article en donne une idée, à raison de l'exactitude du dessin.

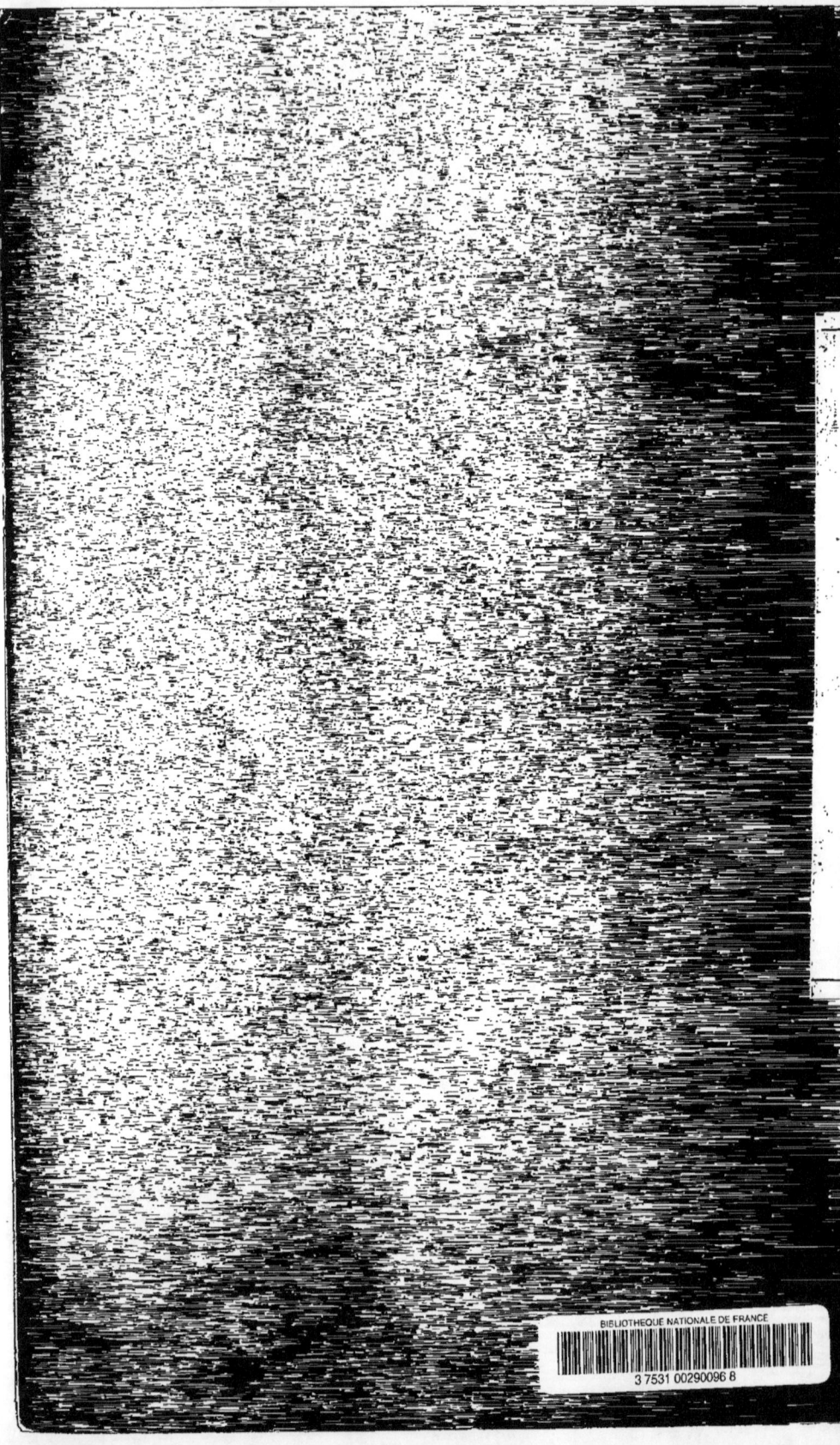

www.ingramcontent.com/pod-product-compliance
Lightning Source LLC
Chambersburg PA
CBHW060900050426
42453CB00011B/2053